Dit boek is van

....

Zoals elke ochtend starten
Georges en Daiko hun dag met
een lange wandeling.

Plots stoppen ze.
Ze horen een krakend
geluid.
CRACK!
Wat is
dat?
Ik weet het niet.
Kom we gaan een
kijkje nemen!

In de struiken vinden ze een groot ei.
Onder het ei ligt een briefje.

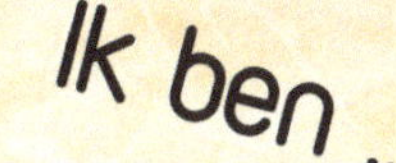

Ik ben ...

zo sterk als een olifant,
zo hoog als een huis,
zo snel als de wind,
zo slim als een vos en
mijn brul klinkt harder dan de donder!

Het ei kan ieder moment uitkomen.
We moeten de mama vinden!
Snel!

Georges en Daiko bevinden zich plots in een wonderlijke wereld vol ...

Dino's!

Onze vrienden hebben geen tijd te verliezen. Ze gaan op zoek naar mama dino.

De eerste dino die ze ontmoeten is Stella de sterke **stegosaurus**
Stella is zo **sterk als een olifant.**

Wow, jij bent sterk! Is dit jouw ei?
Echte kracht zit niet alleen in wat je kan tillen.
Helaas, dat ei is niet van mij.

De tweede dino die
ze ontmoeten is
Bruno de brave
brachiosaurus.

Bruno is **zo hoog als
een huis!**

Ook hier <u>vangen</u>
onze vrienden <u>bot.</u>

Het ei hoort niet bij
Bruno en zijn kudde.

De derde dino die ze ontmoeten is Vince de vlugge **velociraptor.**

Vince is **zo snel als de wind!**

De vierde dino is Tara
de **triceratops.**
Tara is **zo slim als een vos**.

Dag vrienden.
Dat ei is niet van mij!
Volg de zonneschijn,
jullie moeten bij de
t-rex zijn.

Tenslotte ontmoeten ze Terry de tyrannieke **t-rex**. Terry is ...

zo sterk als een olifant,
zo hoog als een huis,
zo snel als de wind,
zo slim als een vos en
haar brul klinkt harder
dan de donder!

Onze vrienden zijn een beetje bang. Ze laten zich niet uit het veld slaan en tonen snel het ei.

Net op dat moment breekt het ei open.

Mama T-rex en haar baby speelden nog lang en gelukkig.

Georges, je snurkt!

Dat was een coole droom.
Dino's.... Hoe kom ik er toch op?
EINDE

Welke dino is snel?

de velociraptor

de triceratops

de T-rex

Welke dino is heel groot?

de triceratops

de brachiosaurus

de stegosaurus

Welke dino is snel?

- ✓ de velociraptor
- ○ de triceratops
- ○ de T-rex

Welke dino is heel groot?

- ○ de triceratops
- ✓ de brachiosaurus
- ○ de stegosaurus

Georges en Daiko vangen bot.

Georges en Daiko laten zich niet uit het veld laten slaan.

Georges en Daiko vangen bot.
Dat betekent dat zij geen succes hebben. Wanneer ze het ei aanbieden blijkt het niet bij de juiste mama te zijn. Ze missen dus opnieuw hun doel.

Zich niet uit het veld laten slaan.
Ondanks de moeilijke opdracht blijven Georges en Daiko volhouden. Ze laten zich niet afleiden en gaan voor hun doel. Namelijk de mama van het ei zo snel mogelijk vinden.

Botvangen. → Geen succes hebben.

Zich niet uit het veld laten slaan. → Door blijven gaan ondanks moeilijkheden.

THEMA
DINO'S

Welke dino's ontmoeten Georges en Daiko?

Welke dino's ontmoeten Georges en Daiko?

HERBIVOOR
CARNIVOOR

planteneter

herbivoor

vleeseter

carnivoor

planteneter
herbivoor

vleeseter
carnivoor

stegosaurus
brachiosaurus
velociraptor
triceratops
tyrannosaurus rex

herbivoor

tanden plat in rijen

krachtige kaken

groot met sterke, dikke poten

vaak kuddes

carnivoor

scherpe puntige tanden

langwerpige schedel

slank met sterke, snelle poten

jagen alleen of kleine groep

TANDEN

tanden van de hond

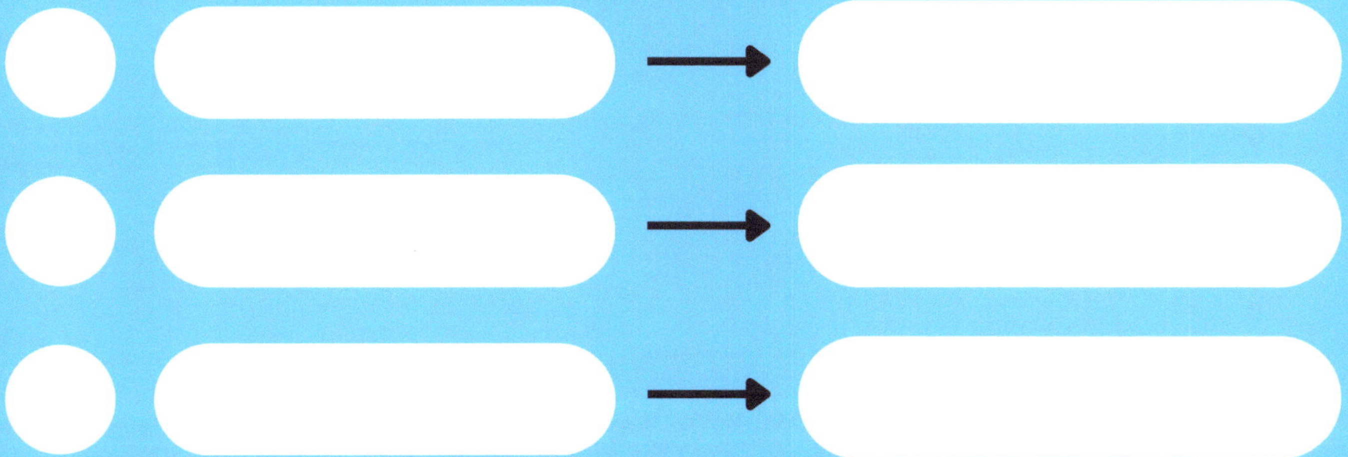

tanden van de hond

✔ snijtanden ➡ voedsel afbijten

✔ hoektanden ➡ vlees scheuren

✔ kiezen/ molaren ➡ voedsel malen

omnivoor = alleseter

METEN IS WETEN

Rangschik van groot naar klein

Rangschik van zwaar naar licht

stegosaurus
brachiosaurus
velociraptor
triceratops
tyrannosaurus rex

Rangschik van zwaar naar licht

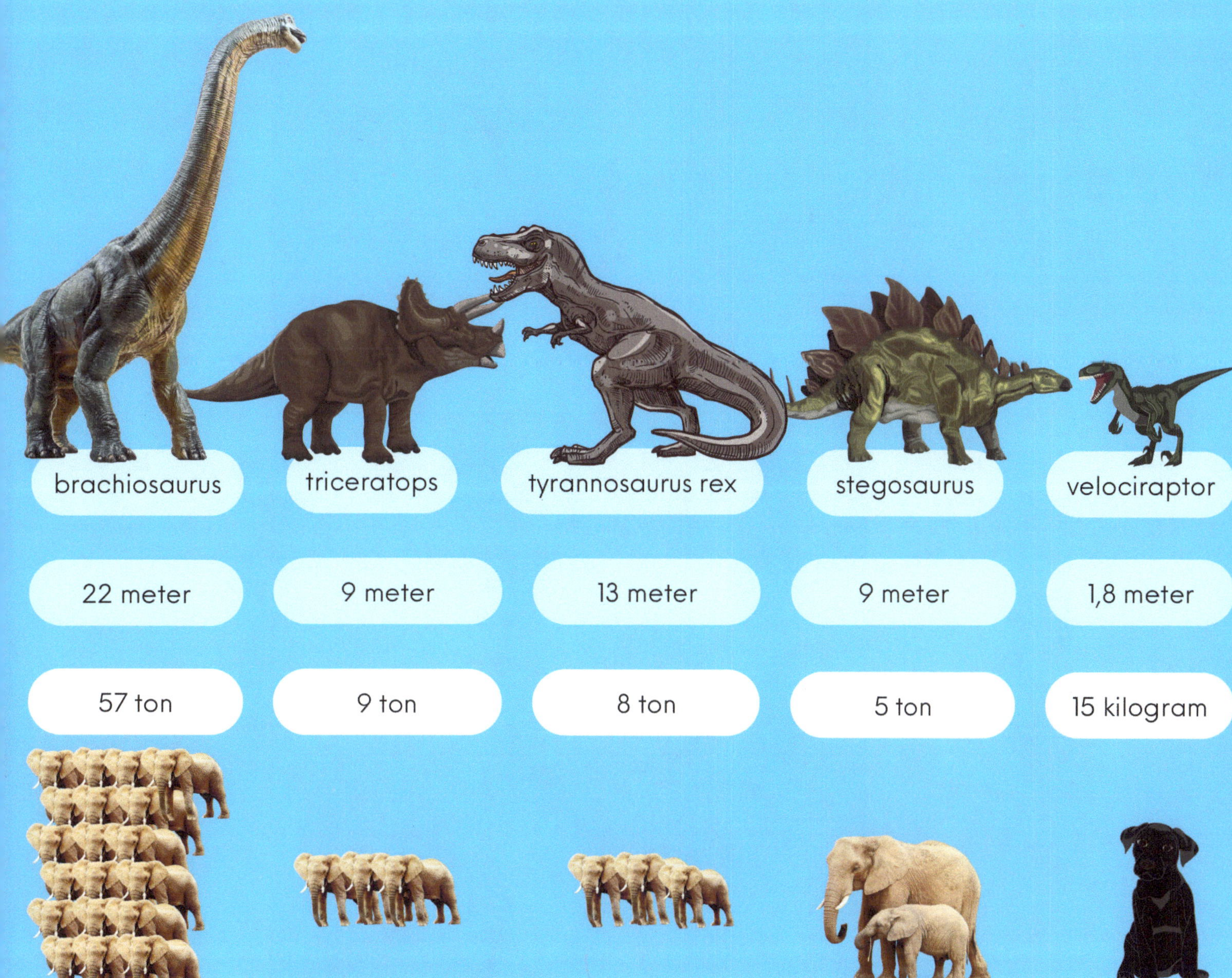

GRIEKS & LATIJN
LATIJN

Eerste lessen Grieks & Latijn

| stegosaurus | brachiosaurus | tyrannosaurus rex |

stego**saurus** · brachio**saurus** · tyranno**saurus** rex

dino**saurus**

saurus = hagedis

Eerste lessen Grieks & Latijn

stegosaurus

saurus	hagedis	Oudgrieks
stegos	dak	Oudgrieks

stegosaurus = hagedis met dak

Eerste lessen Grieks & Latijn

brachiosaurus

saurus	hagedis	Oudgrieks
brachion	arm (lange voorpoten)	Oudgrieks

brachiosaurus = armhagedis

Eerste lessen Grieks & Latijn

tyrannosaurus rex — T-rex

- saurus → hagedis (Oudgrieks)
- tyrannos → tiran of alleenheerser (Oudgrieks)
- rex → koning (Latijn)

tyrannosaurus rex = koning tiran hagedis

Eerste lessen Grieks & Latijn

velociraptor

velox	snel	Latijn
raptor	rover	Latijn

velociraptor = snelle rover

Eerste lessen Grieks & Latijn

triceratops

tri	drie	Oudgrieks
cera (keras)	hoorn	Oudgrieks
tops (ops)	gezicht	Oudgrieks

triceratops = gezicht met drie hoorns

Eerste lessen Latijn

omnivoor

omnis — alle

vora (vorare) — eten

omnivoor = alleseter

molaren

mola — maalsteen

achterste tanden, de kiezen die het voedsel vermalen

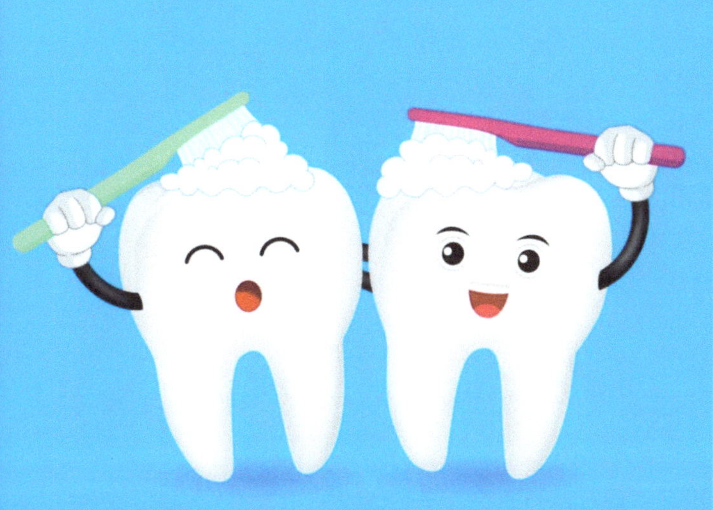

Welk allitererend bijvoeglijk naamwoord kan je gebruiken voor de dino's?

Stella de______stegosaurus.

Vince de______velociraptor.

Bruno de______brachiosaurus.

Tara de_______triceratops.

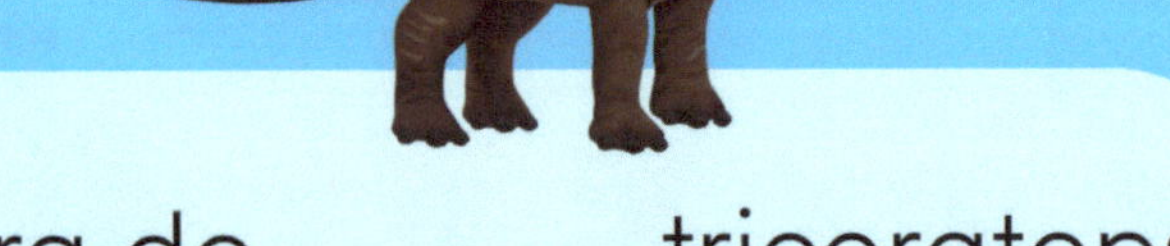

Terry de_________t-rex of tyrannosaurus rex.

Brommende Beer

Slimme Slang

Welk allitererend bijvoeglijk naamwoord kan je gebruiken voor de dino's?

Stella de sterke stegosaurus.

Bruno de brave brachiosaurus.

Vince de vlugge velociraptor.

Tara de trage triceratops.

Terry de tyrannieke t-rex of tyrannosaurus rex.

De avonturen van Georges en Daiko

Mijn lijst	Datum	Punten

Avonturen

1 - Waar is de bal?
2 - Feest in het bos.
3 - De regenboog.
4 - Grote stok, kleine stok.
5 - De dierentuin.
6 - Het gedicht.
7 - Het dino ei.

De natuur

1 - 10 tuinvogels.
2 - 10 roofvogels.
3 - 10 vogelvrienden.
4 - 10 bomen.
5 - 10 insecten.

Mijn boeken: